JENS BORRMANN

MUSCHELLIED

WIDMUNG

ICH WIDME DAS BUCH „MUSCHELLIED" MEINEN KINDERN LENA SOPHIE, ELIJA JOHANNES, SASCHA FIETE PIUS UND EMMA ROSE JOSEFINE. MEINE WELT WURDE SINNVOLLER DURCH EUCH. ICH LIEBE EUCH. AUCH WENN ICH DIES NICHT IMMER IM RICHTIGEN MAß ZEIGE.

FÜR EUCH LOHNT SICH ALLES MÜHEN, DURCHHALTEN UND KÄMPFEN.

EUER VATER

VORWORT

MEIN VIERTES BUCH IST FERTIG. KANN ES KAUM FASSEN UND FREUE MICH, WIE BEIM ERSTEN. ENTSTANDEN IN NÄCHTEN ZWISCHEN WACHEN UND SCHLAFEN. MANCHE TEXTE ÜBERHOLTEN SICH ZWISCHENZEITLICH SELBST. DAMALS STIMMIG. HEUTE ERINNERUNGEN.

DIE GEDICHTE BLEIBEN PERSÖNLICH ÖFFENTLICH, WIE EINE MUSCHEL VOM MEERESBODEN. NICHT IMMER FINDEN SICH DARIN PERLEN. TEILS VERLANGTE DAS SCHREIBEN LANGEN ATEM BEIM TAUCHGANG IN MEINE GEFÜHLSWELT. OFT VERLOR ICH AUF DEM WEG ZUR OBERFLÄCHE DAS KOSTBARE GUT. LANGSAM TRUDELTE ES AUF DEN GRUND ZURÜCK. NOCH NICHT REIF FÜR DIE BERGUNG.

ICH MÖCHTE DEN LESER EINLADEN ZU EINEM SPAZIERGANG. ÄHNLICH, EINEM URLAUBSTAG AN DER SEE. EIN ENDLOSER STRAND VOR DEN AUGEN. BEGLEITET VOM GESCHREI DER MEERESVÖGEL. EINEN TAG NACH DEM STURM. DER NACHT. ÜBERALL AM STRAND WARTET DER REICHTUM DER WELLEN. SUCHT ES EUCH AUS, WAS GEFÄLLT UND LOHNT IN EURE WELT EINZULASSEN.

NICHTS MEHR UND AUCH NICHTS WENIGER.

10. DEZEMBER 2010

INHALT

5

UMSCHLAGMOTIVE: „EIN TEIL", © JUDITH FRANKE

AB HEUTE

AB HEUTE WERDE ICH
MICH TÄGLICH
FOTOGRAFIEREN.

MORGENS UND
ABENDS.

DAZWISCHEN
PLATZ FÜR
DEN UNRAT
DES TAGES.

DAS WIRD EINE
UNGLAUBLICHE
GALERIE.

NUR MEINEN BESTEN
FREUNDEN ZEIGE ICH
DIE BILDER.

ALS DANK.
TRUGEN MICH
IN HELLEN ZEITEN.
GLAUBTEN AN
MICH IN
LICHTLOSEN
STUNDEN.

LEISE LASS
ICH DEN MOND
AN MEINEM
LEBEN
VORBEIZIEHEN.

PLÖTZLICH
WIRD ALLES
GANZ EINFACH.
FOTOS LÜGEN
NICHT.

ABRECHNUNG

IN MIR LIEGEN
SCHATTENJAHRE.

MEINE HÄNDE
SPIELEN AUF DER
LAUTEN STADT.

RÄKEL MICH AUF
VERSTREUTEN SPLITTERN
MEINER LIEBEN.

VOLLE TAGE
MIT ZU VIELEN
NÄCHTEN.

UNGEWISSE ZUKUNFT
NACH VERFEHLTER
VERGANGENHEIT.

ZÄHNEKNIRSCHENDER
PROTEST BIS ZUR
ABENDDÄMMERUNG.

KINDERKRONE ZERFLOSSEN
ZUM EINKAUFSCHIP.

LEIBESGLANZ VERBRANNT AN
EINEM SONNENSTRAHL.

TROPFENSCHWERE
TRÄNENSCHNUR ZIEHT
SPIELUHREN AUF.

REIßENDER FLUSS
VERRATEN VOM STAUDAMM.

ENTZÜCKUNGEN GESAMMELT
FÜR EIN BEGRÄBNIS
LANG VOR DEM TOD.

ANGSTLIED

ZU OFT LAG ICH
IN FREMDEN HÄNDEN.
GANZ GEBEN WOLLT´
ICH MICH. HALB SCHAFFTE
ICH´S.

KERZEN BRENNEN GNADENLOS AM
WEGRAND FEIERLICH. TRÜGERISCH.

FAND ORTE, WO ICH MICH VERLOR.
HERZPOCHEND STÜRMTE LIEBE
DAVON.

FÜHLTE MICH VERWANDT
IN LIEBE ZU SONNE
UND MOND.

OZEANE WARFEN MICH AN MEINE
STRÄNDE. VERBLASSTES
STRANDGUT.

SELIGKEITEN VERRATEN.
UNAUSGESPROCHEN.

TROST DUDELT
BLECHERN VOM
HIMMEL HERAB.

RAUBTE MICH SELBST AUS.
ANGST VOR DEM NÄCHSTEN
LIED ZU ZWEIT.

ZWIELICHT LÖST
AUSSICHT AB.

OHNE WIDERSTAND.

ANSTALTSNACHT

WENN ICH BRAV BIN,
DARF ICH VIELLEICHT
IN DEN GARTEN.

DAFÜR SPIELE ICH
WEITERHIN DEN IRREN,
DAMIT DIE VERRÜCKTEN
VOR MEINER ZELLE NICHT
DURCHDREHEN.

HOCKEND AUF DEM BETT
ENTTARNE ICH DEN
GEHEIMCODE
DER KAROWÄSCHE.
MONDLICHT ALS
TASCHENLAMPE.

EINE BAUANLEITUNG
FÜR VERBOTENE FLÜGEL,
WELCHE MICH HEIMLICH
VON HIER WEGTRAGEN
WERDEN. IRGENDWANN.

DER KATZE VOR MEINEM
FENSTER HABE ICH ALLES
ERZÄHLT. JEDE NACHT
NIMMT SIE EIN STÜCK
MIT VON MIR.

SIE VERSPRACH,
MICH NICHT ZU FRESSEN,
WENN ICH MICH NACH
MEINER FLUCHT
AUF EINEM AST
AUSRUHEN MUSS.

BIS DAHIN SCHLUCKE
ICH EURE MEDIZIN.
KAMPFLOS.

7 + 1   (Objekt „Schneewittchen und die sieben Zwerge")

SIEBEN ZWERGE
UND ICH.

JEDER KENNT
DIE GESCHICHTE.

ZUSAMMEN SIND
WIR ACHT.

IM CHINESISCHEN
EINE BEDEUTENDE
ZAHL.

ZWEI KREISE
ALS SINNBILD
FÜR DIE
VERBINDUNG
ZWISCHEN
HIMMEL UND ERDE.

WENN DA NICHT
DIESES
VERDAMMTE
MÄRCHEN
WÄRE!

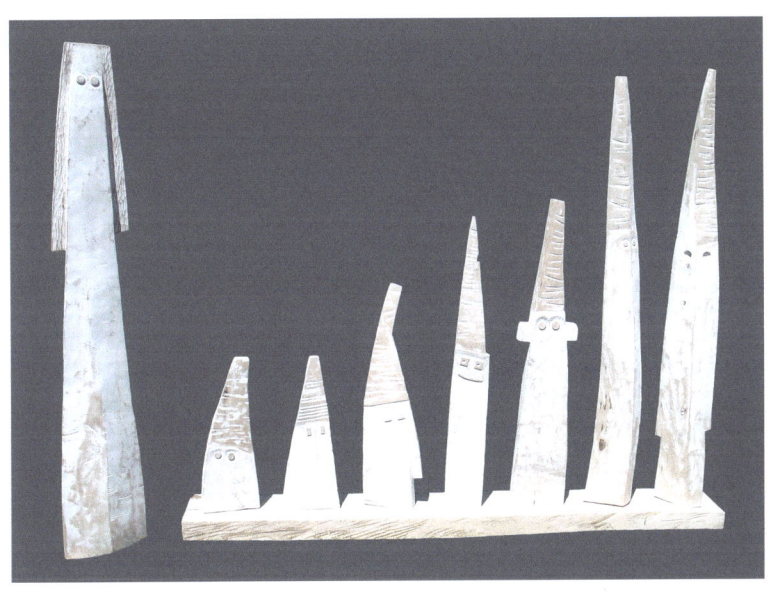

„SCHNEEWITTCHEN UND DIE SIEBEN ZWERGE", © KERSTIN VICENT, 2008
LINDE

BESSER

BESSER, SICH
SELBST ZU
DEN TOTEN
ZÄHLEN.

BESTATTET
VOR DEN TRÄUMEN.
MIT DEN WÜNSCHEN.

FINSTERE NACHT
ÜBER MIR.
FÜR SCHUTZENGEL
BIN ICH ZU ALT.

WELT BRICHT AUF ERDEN
SCHWARZUMHÜLLT.
ALLE LIEBE RETTET
SICH IM FLAUM
DER ZUGVÖGEL.

BESSER, IHR
ERLÖSUNG ZU
GÖNNEN.
MONDLIED SINKT
TRÖSTEND
IN EINEN SCHACHT
AUS ERINNERUNGEN.

WALLFAHRTEN
ERINNERN LEBEN.

MEIN ANGESICHT
LIEGT NUN NUR
NOCH IN MEINEN
HÄNDEN.

BESSER, IM
HERZEN EINE
ROSE.

BESUCH

ZIEHT
EURE
SCHUHE
AUS,
WENN
IHR
MEIN
HAUS
BETRETET.

SCHLEPPT
NICHT
DEN
DRECK
DER
WELT
HEREIN
ZU
MIR.

BITTE!

BEZIEHUNGSRESTE

VERSUCHE RAUSZUBEKOMMEN,
WELCHE BEZIEHUNGEN ICH VERGEIGTE.

SO RICHTIG WILL´S NICHT GELINGEN.
MEINE GEFÜHLE AM LIMIT.
ENDLOSE ERINNERUNGSSPLITTER
SPRINGEN TÄGLICH.

ICH WEIß, AN WELCHEM TAG
EINE ZUM CHOR GEHT.

EINE ANDERE VERRIET MIR
IHREN LIEBLINGSORT.

KENNE DIE LEIBSPEISE
EINER BRÜNETTEN.

MIR IST BEKANNT, WANN SIE TÄGLICH
ZUM DIENST MÜSSEN.

SITZE AB UND ZU IN DEN CAFÈS VON DAMALS.
SELBST MEIN AUTO ERKENNT STRAßEN, PLÄTZE.
DAS IST DOCH IRRE …

WORAN ERINNERN SICH DIESE FRAUEN.
AN MEINE LIEBLINGSORTE,
AN MEINE LEBENSPUNKTE,
AN MEINE SCHUHE? WORAN?

ENDLOSE BILDER. RUDIMENTÄR.
ÜBERVOLLES ARCHIV VORERST
GESCHLOSSEN. NACHTWÄCHTER
IM EIGENEN LEBEN.

DREHE BEDÜRFNISLOS MEINE RUNDEN.
VIELLEICHT SOLLTE ICH STRICKEN LERNEN.
EINEN WARMEN SCHAL FÜR DIE
ZEIT VOR MIR, KÖNNTE ICH
GUT GEBRAUCHEN.

BITTE

KOMM ZU MIR, LIEBES.
GANZ NAH, DASS SELBST
UNSER ATEM SICH NICHT
DAZWISCHEN ZWÄNGEN KANN.

KEIN HERZELEID SOLL UNS
AUFSPÜREN. EGAL, OB GOTT
NOCH LEBT ODER BLOß PENNT.

WIR TRINKEN DEN KELCH
DER NACHT AUS.

NIEMAND DARF UNS FINDEN.
UNSERE LIPPEN SPIELEN IHR
GEHEIMES LIED.

NÄCHTE WACHSEN IN DIE TAGE.
ERZÄHLE MIR VON DEN STERNEN
IN DIR.

ALLE TRÄUME BILDEN EIN
BAND AUS HOFFNUNG
ZUM SCHUTZ.

ANKUNFT DER LIEBE.
AUS SEELEN WACHSEN
WÄLDER FÜR EINE NEUE WELT.

BUß- UND BETTAG

IRGENDWIE BIN ICH FROH,
DASS DIESER TAG ERST IM
NOVEMBER NAHT.

BIS DAHIN ELF
MONATE GESCHAFFT.
EINEN TAG BÜßEN,
EINEN TAG BETEN.
ERLÖSUNG IM DOPPELPACK.

GROßZÜGIGES VERHÄLTNIS
VON EINS ZU ELF.
24 STUNDEN FÜR
FAST EIN JAHR.
JÄHRLICH.

KNAPPES ZEITFENSTER.
SORGSAM WÄHLE
ICH DAS BÜßERKLEID
IN JEDEM JAHR.

ES PASST NOCH,
WIE ANGEGOSSEN.
NICHTS NAHM ZU.
NICHTS NAHM AB.
SEELEN-BMI IM
GLEICHGEWICHT.

SOLLTEN WIR NICHT LIEBER
FEIERN AN EINEM FREIEN TAG?

TAUSENDMAL
BESSER FÄNDE
ICH EINEN
KUSS-UND BETTTAG.

JEDEN TAG.

CORINNA

IN UNSERER LIEBE
WURDE ICH SCHÖN.
DAVOR HATTE ICH
VERDAMMT VIEL
ANGST.

DER LANDSTREICHER
IN MIR LÄNGST
MÜDE VOM
WEGLAUFEN.

TIEF IN MIR WEIß ICH, DASS
WIR EINS SIND. ZÜCKTE
WAFFEN GEGEN MICH.

BEI DIR TAUT DIE HÄLFTE
MEINES LEBENS.

ICH BIN ZU DUMM.
ERTAPPE MICH
TÄGLICH DABEI.

SASCHA UND EMMA
ZEIGEN UNS, WO
WIR HINGEHÖREN.

WERDE IMMER
DER STEIN AUF
WIESEN SEIN,
AN DEM DER
RASENMÄHER
KAPITULIERT.

HAB´S MIR NICHT
AUSGESUCHT.

DA HILFT ES AUCH
NICHT, EINEN
FROSCH ZU KÜSSEN.

DAS VERSTEHE EINER …

GOTT TRINKT
KEINEN KAFFEE.
MACHT SICH NICHTS
AUS WHISKY.

MAG WEDER
FLEISCH,
NOCH FISCH.

SPIELT KEIN
TENNIS
ODER
GOTCHA.

UND DOCH
VERSTEHT
ER ALL
UNSERE
WÜNSCHE.

WAS MACHT
ER NUR
ANDERS?

WAS?

DAS WAR MEIN LEBEN

MIT GERAUBTEN
NÄCHTEN.
VERSCHENKTEN
TAGEN.

ROSEN AUF
FREMDEN
LIPPEN
DORNENVOLL.

ZWIELICHTIGE
FRÖMMIGKEIT
DURCH
BEZIEHUNGSLOSE
HIMMEL
GESTÜRZT.

ABENDROT
TRÄUMERISCH
HINTER
LIDERN
VERWEINT.

GRÜNE
GÄRTEN
IM GRELLEN
FLACKERLICHT
KÜSSEN KNOSPEN
WACH.

STERNENSPIEL
TAUSENDMAL
GEADELT
UNTERM
TRAUERBAUM.

GEZWITSCHER JUBELT IM
GEFIEDER DER ZUGVÖGEL.

DAUERLAUF

RENNEN
UM DEN
ALLTAG.

STÄNDIG
VORN.

STOPPUHR
TREIBT
HERZ.

HINTERRÜCKS
ZIELE
VERFEHLT.

VORN IST
SO OFT
HINTEN.

LAUFEN
FÜR EIN
LAUES
GEFÜHL.

HINTERHER
LAUFEN
ERSCHÖPFT
ZUKUNFT.

NUR
DEPPEN
PUTZEN
KRISTALLE
DER
EITELKEIT.

DEINE MEINE SACHEN

ENDLICH BIN ICH SO WEIT.
DURCHFORSTE DIE WOHNUNG
NACH DEINEN SACHEN.

ZEIT WERDE ICH MIR
LASSEN HIERFÜR.
KEIN RAUM,
KEIN SCHRANK,
KEIN BETT WIRD
SICH VERSTECKEN
KÖNNEN.

WAS ICH ALLES FINDEN KONNTE.
HAARBÜRSTE, BÜCHER,
BRIEFE, ANTIBABYPILLE.
EINFACH UNBEGREIFLICH.

ZWEI GEFRÄßIGE KARTONS
STEHEN BEREIT. LIEBE MIT
DECKELN. DAS ENDE -
ODER WAS ES GEWESEN
SEIN MAG.

EIGENTLICH WOLLTE ICH ALLES
AUF DEM TRÖDELMARKT VERSCHERBELN.
NOCHMAL DER LIEBE RICHTIG
PROFIT ABSCHÖPFEN!

BLOß, WARUM SOLLEN FREMDE
AUCH NOCH DRAUFZAHLEN?
DAS HABE ICH DOCH SCHON
ZUR GENÜGE GETAN.
VIELLEICHT SOLLTE
ICH DIE SACHEN DEM
FLUSS SCHENKEN.

DANACH PUSTE ICH IN ALLE RÄUME
FRISCHEN WIND, WIE EIN FRÜHLING
AUF SCHNEEFELDERN.

DIE PFEILER DES WISSENS (Objekt „Die Pfeiler des Wissens")

ALLE PFEILER
DES
WISSENS
BRECHEN DOCH
GNADENLOS BEIM
ANBLICK
EINES
GÄNSEBLÜMCHENS
EIN.

ODER NICHT?

„DIE PFEILER DES WISSENS", © MORITZ WEISE, 2009
WEIßBUCHE

DIE VERZERRTE ALTE POST

WIEVIELE
LIEBESBRIEFE
HABE ICH DIR
GESCHRIEBEN?

JETZT STAPELN
SIE SICH BEI DIR.
VERZERRT.

EWIGE
SCHULDSCHEINE.

WAHRSCHEINLICH
BIST DU STOLZ
DARAUF.

EGAL, WAS DU
MIR NOCH ANTUST …

„PAPIER IST GEDULDIG"
SAGT EIN SPRICHWORT.

NUR DAS IST ES,
WAS ZÄHLT.

NICHTS
VERSCHWINDET
FÜR IMMER.

DON´T CRY

WEINE NICHT,
WEIL DER REGEN NASS IST.

WEINE NICHT,
WEIL DER WINTER KALT IST.

WEINE NICHT,
WEIL DER TAG HELL IST.

WEINE NICHT,
WEIL DIE NACHT SO TIEF IST.

WEINE NICHT,
WEIL DU WEINEN MUSST.

DORT

ICH WARTE AM ENDE
DER MEERE AUF DICH.

HINTER DEN HIMMELN,
HINTER DEN SONNEN,
HINTER DEN MONDEN,
HINTER DEN GEDANKEN.

DORT FINDEST DU
DICH UND MICH.
BEREIT FÜR DAS
FREMDE LAND.

WEIT AB VOM SCHMERZ.
WEIT AB VOM LÜGEN.
WEIT AB VON JEDEM STREIT.
WEIT AB VON DER ALTEN WELT.

ICH WARTE SCHON SO LANG.
ALLEIN MIT DEM STRAND.
BIS DU KOMMST, WERDE ICH
DEINEN NAMEN IN DEN SAND
KRITZELN.

TAGEIN, TAGAUS.
VERSPROCHEN.

DU

DU BIST GEGANGEN.
ICH BIN GEBLIEBEN.
EIN TEIL VON MIR
BLIEB BEI DIR.
EIN TEIL VON DIR
IN MIR.

KEIN SCHREI WIRD
ES ÜBERTÖNEN.
TRÄNEN SPÜLEN
UNSERE HERZEN.
LEISE, KRAFTVOLL.

SCHLEPPEND VERBLASST
DEIN GESICHT IN MIR.
ERINNERN OHNE BILDER.
GEFÜHLE ZUM AUSVERKAUF.
KEINER KANN ERKLÄREN,
WIE ES DAZU KAM.
AUS UND VORBEI.

HINKEND BEKOMME ICH
MEINE TRÄUME IN DEN GRIFF.
DIE NACHT IST ENDLICH
WIEDER ZUM SCHLAFEN DA.
FÜR DIE TAGE HABE ICH
NOCH KEINEN PLAN.

ELLI *1970

DU BIST NOCH IMMER
JUNG UND SCHÖN.
AUFRECHT ALLEMAL.

DAS KIND IN DIR
WARTET AUF DAS
EINE SPIEL.

TEILST DEIN HERZ
MIT JEDEM.

RINGST MIT
KLEINEN
EWIGKEITEN.

STERNE, MOND
BEREITS VERLOREN.

DEINE AUGEN
SCHAUEN SICH IHRE
WELT SCHÖN.

NÜCHTERN WECKST DU
AUF AN FREMDER WAND.

SCHAUSPIEL
RUßVERSCHMIERT.
EISERN UMKLAMMERT.

REINES HERZ
OHNE GEWITTER.

IN TIEFSTER
NACHT LEUCHTET
DIR EIN STERN.

DORT, WO ALLES
ENDET AM BEGINN.

ENDE

DER SCHNITT
TIEF IM FLEISCH.

ALLES RINNT
DAHIN. BLUTROT.

HART WIRD
WEICH.

ZIMMERDECKE
KÜSST MEINE FÜßE.

LEISE BLEIBT
ALLE PEIN ZURÜCK.

ENDE OHNE
ANFANG. JETZT.

ECHO IN
BODENLOSER
NACHT.

ELSE LASKER-SCHÜLER (1869 – 1945)

DEIN THEBEN
SOLL DICH
TRAGEN.

NACHDEM, WAS DIR
DIE WELT GRUNDLOS
VERSAGTE.

GRENZENLOSES
GLÜCK SOLL DICH
EREILEN.

WINTERKIND
IM WINTER
GESTORBEN.

KINDESKIND
ZWISCHEN
WAHRHEIT
UND PHANTASIE.

LIEBESSUCHE
IN EINER
LÄRMENDEN
WELT.

MENSCHLICHKEIT
IN JEDER DEINER
STROPHEN.

MÜDE, GEHETZT.
GEQUÄLTE KREATUR.

AUF DEM
ÖLBERG NUN
ZU HAUSE IN DEN
ARMEN DEINES
PRINZEN VON
THEBEN.

ERSTE LETZTE HILFE

WUNDEN OFFEN GEHEILT IN MIR.
TAUSENDFACH. LANDKARTE MIT
DENKZETTELN. DAMALS HEUTE
TÄGLICH NEU.

ZEIT HEILT ALLE WUNDEN…
WOMIT?
MIT DEM LÄCHELN
IN DEINEM GESICHT?
EINER HAARSTRÄHNE
AM MORGEN?
VIELLEICHT MIT
EINEM ANRUF?

JEDE NARBE GEHÖRT ZU MIR.
WUNDEN LECKEN MACHT
KEINEN SINN MEHR.
PFLASTERALLERGIE
ZUZÜGLICH.

NACHT SCHMEICHELT
TRAUMHAFT DEN
MARKIERUNGEN
DES LEIDES.
STERNBILDER MEINES
WACHSTUMS IN MIR.
KEINE(R) WILL MICH GANZ.
ZU LAUT. UNZUREICHEND
BERECHENBAR.

AM ENDE KOMMT
DIE WELLE.
KRAFTVOLL BLAU.
ZAGHAFTES HERZ
RAUSCHT VORAUS.
TREFFPUNKTE
LÄNGST VERPASST.
STERN UM STERN.

ESEL´S LIED

RÜCKEN KRUMM
VOM ALLTAG.

IMMER NOCH
WAS OBEN DRAUF.

KANN MICH
KAUM
SELBER
TRAGEN.

GELIEBTE
STÖRRICHKEIT
HILFLOS
VERSTUMMT.

HINTER
DEN BERGEN
DUFTET
FRISCHES
HEU.
KLARES
WASSER.

ANKOMMEN ...
ANKOMMEN ...
ANKOMMEN ...
EGAL, WIE.

BIS DAHIN
BAUMELT
DIE
SCHEISSMÖHRE
VOR
MEINEM
TROCKENEN
MAUL
HÄMISCH
HIN UND HER.

ELTERN

VATER SCHENKTE MIR FLÜGEL.
MUTTER IMPFTE MIR INSTINKT.
BEIDE SCHLUGEN, WIE
KOMETEN AUFEINANDER.

IHRE TRÄUME WANDERTEN
MANCHMAL ARM IN ARM.
DAS LEBEN VERLANGTE
IHNEN VIELES AB.

ZWEI GEFALLENE STERNE IM ALLTAG
GROLLENDER HIMMEL.

ROSENSANFT MEINE KINDERTAGE.
GETRAGEN BIS ZUR LETZTEN NACHT.

ZEIGTEN MIR IN DÜSTEREN
HECKEN SCHLUPFLÖCHER.

MANCHES GEHEIMNIS IHRER FERNE
SCHIMMERT NUN IN MIR.

SCHWEBEND AUF IHREN HÄNDEN
SPRANGEN ALLE MEINE
WÖLBUNGEN IN DIE WELT.

MEIN HERZ BEI VATER UND
MUTTER AM ZIEL ANGELANGT.

HOCHMÜTIGE TÜRME
WAREN IHNEN EIN GRAUS.

KONNTEN MICH DOCH NICHT
VOR DEM GETÖSE DER
WELT BEWAHREN.

WENN MEIN WEG BEIDEN WENIGSTENS
EINEN FRÜHLING IN DIE HERZEN
ZAUBERN KÖNNTE ...

FLUT

MÖCHTE MICH
TREIBEN LASSEN
AUF WELLEN
ROSENSCHÖN.

GLOCKENBLUMEN
BLÜHEN AUF MEINER
HAUT UNGEFRAGT.

LIEBESFLUT
JAGT WÜSTENWIND.
UNGLEICHES PAAR.

SCHRECKENSBLEICH
FAND ICH MICH
WIEDER IN DIR.

SEELENLEERE
HEIMAT GRAUSAM
GEFLUTET.

ZITTERNDE
NACHTSTRAHLEN
IM RINNSTEIN.

BEGINNE MICH
ZU LIEBEN,
WIE EINEN
GUTEN FREUND.

FÜR EUCH

ICH GEBE
EUCH ETWAS,
WAS ICH SO OFT
FÜR MICH WÜNSCHTE.

EINE ZWEITE CHANCE.

DIESE WOLLTE ICH
FÜR VATER, ALS
ER KREBS HATTE.

FÜR MEINE
UNGEBORENEN
KINDER.

FÜR MEINEN
SASCHA MIT
SEINEM KRANKEN
HERZ.

FÜR UNS,
NACHDEM UNSER
SCHEITERN
ÖFFENTLICH WURDE,
BEVOR ALLE
WUSSTEN,
DASS WIR EIN PAAR
SEIN WOLLTEN.

GARNICHTNICHT

DASGARNICHTGARNICHT
ZUSAMMENGESCHRIEBEN
WIRDWUSSTEICHGARNICHT.
GIBTSDOCHGARNICHT.

GEDICHT

WENN ICH
DOCH EIN
GEDICHT
SCHREIBEN
KÖNNTE,
AUS DEM
BLUT RINNT.

MEINEN
TRÄNEN
GLAUBT
EH KEINER.
TROCKEN
HOCKEN
DIESE INNEN.

WEIT AB SICH
NOCHMAL
ZEIGEN ZU
WOLLEN.

AM FADEN
HÄNGT LEBEN
HINTER
GITTERN.

KRONENDE
MÄRCHENBÄUME
DAVOR.

ZUM GREIFEN NAH.

GEDULD   (Objekt „Geduld")

TRÄUME
KRIECHEN
UNTER MEINE
BETTDECKE.

TRAUMHAFTER
SCHUTZ
IN DER NACHT.

TAGSÜBER
IMMER STETS
VORAUS.

SEH SIE
UM DIE
ECKE BIEGEN.

ZUM ERTAPPEN
NAH.

GEDULDIGE
HOFFNUNG
FRISST MEINE
ZEIT.

EIN WERBEPLAKAT
SCHREIT:
„ALLES WIRD GUT"

NICHTS WÜNSCHTE
ICH MEHR.

NUR,
SOLLTE ICH
DIES SCHON
SELBST
GLAUBEN.

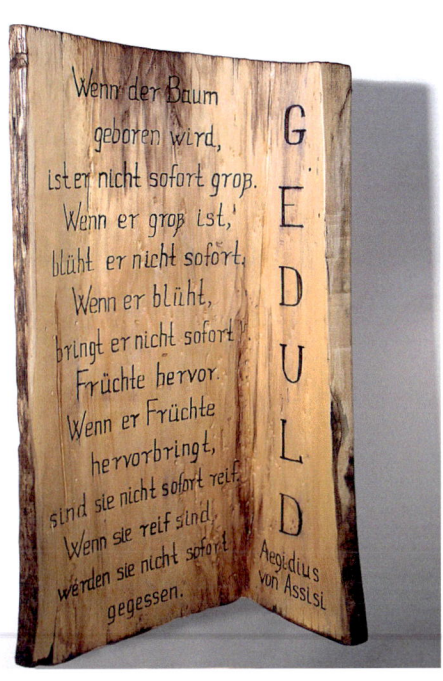

„GEDULD", © SERGEJ POWELIZA, 2007
PAPPEL

41

GEHEIMNIS

ICH WÜRDE ES
SO GERN
VERRATEN.

WAS MICH TREIBT.
WAS MICH ZITTERT.
WAS MICH RÜHRT.
WAS MICH BLEICHT.

SCHWARZER
SUMPF
STERNHAGELVOLL.

HINTER MEINER NOT
RAUSCHEN
GIRLANDEN
NEONGRELL.

SEHNSUCHT
NACH
UNVERSTOßENER
EINSAMKEIT.

SEELENTIEFER
GLAUBE, ES WAGEN
ZU WOLLEN ODER
MÜSSEN.

ZU SCHWACH
FÜR DIE GEFECHTE
MIT BÖSEN STERNEN.

WEH IM HERZ
FLIEGT
MEIN ENGEL
EMPOR.

GESCHWISTER SCHOLL

AUFRECHTE
MENSCHEN
VERTRETEN
KEIN
PRINZIP.

WEDER
INNEN.
WEDER
AUSSEN.

ES
GIBT
KEINEN
UNTERSCHIED
ZWISCHEN
PERSON
UND
PRINZIP.

ES
IST
EINS.

GROßE WÄSCHE   (Objekt „Am Bach")

ENDLICH
ALLES
REINWASCHEN.

MEINE HOFFNUNGEN.
DIE TÄUSCHUNGEN.

STETIG
FLIESST DER
BACH.

AUSREICHEND
WASSER
FÜR MEIN
WERK.

WELLIG
TRÄGT ER
DIE LAST
DAVON.

HIN ZUM
MEER.

DORT, WO
EBBE
UND
FLUT
DEN REST
TUN.

„AM BACH", © GISELA MÄNNEL, 2008
WOLLE UND GESCHÖPFTES PAPIER

GROßER SCHMERZ

GESTERN
FRAGTE
MICH SASCHA,
OB ICH
AUCH
STERBEN
MÜSSE.

GERADE
VIER JAHRE
JUNG.

EINFACH SO.

EHRLICH
WAR ICH
ZU MEINEM
SOHN.

UND DOCH
HÄTTE
ICH LIEBER
GELOGEN.

UM ALLES
IN DER WELT.

HEIMAT LOS

ZWÄNGTE
MICH AUS
MUTTER
HERAUS.

GANZ BLAU.
LEBENDIG TOT
BEREITS AM START.

ALLE WELT
ERGOSS SICH
IN MIR.

BEGINN.
ÜBERALL UND
NIRGENDS.

HEIMLICHE
HEIMAT
IRGENDWO.

SO GOTT WILL
IST MEIN
ZWEITES
ICH
LÄNGST
DAHEIM.

WARTEND,
BIS ALLE
MEERE
AUSLAUFEN
IN MIR.

HELGA

AM MEISTEN LIEBE ICH
DEINE GÜTIGEN AUGEN.

BIN DANKBAR, DASS DU
UNBEIRRT AN MEIN HERZ
GLAUBST.

MIT UNSEREM TREFFEN
MEINTE DAS SCHICKSAL
ES RICHTIG GUT.

DEINE KLARHEIT
UND HERZENSGÜTE
LIEßEN MICH
REIFEN.

BEDINGUNGSLOS
ANGENOMMEN.
SELBST NACH DEN
KOPFWÄSCHEN,
UM DIE ICH SO
BETTELTE.

WENN ICH DICH UND
JO BESUCHE,
IST DER SINN DES
LEBENS ENTSCHLÜSSELT.

SCHENKST MIR
ANTWORTEN, OHNE
DASS ICH ERST
FRAGEN MUSS.
GESCWEIGE ETWAS
LEISTEN.

ICH LIEBE MEINE MUTTER.
TROTZDEM WÜRDE ICH EINER
ADOPTION ZUSTIMMEN.

HERBSTSPIEL

BLÄTTER IM WIND.
VOR MIR. IN MIR.

WAS ICH SEHE, IST
UNGLAUBLICH. EINE
TOTE KATZE IM
GEBÜSCH.

LAUBTANZ AUF DEM
GEHWEG. SO LEICHT
KANN LIEBE ZWISCHEN
ZWEI VERSCHIEDENEN
DINGEN SEIN.

ES IST, ALS WÜRDE GOTT
MICH DIREKT ANSEHEN.
NICHT LÄNGER, WIE EINE
SEKUNDE.

SCHÖNHEIT OHNE ZEITRAFFER.
LIEBEVOLLES STANDBILD AUS
STRAßENSTAUB.

DER WINTER HOCKT
SCHON IM HIMMEL.
JEDEN MOMENT BEREIT,
HERABZUFALLEN.

ÜBERALL IST ENERGIE.
KNISTERN AUF MEINER HAUT.
ERKENNEN, DASS IN ALLEN
DINGEN LEBEN STECKT.

SPÜRE URKRAFT.
STÄRKER ALS JEDE
GELEBTE ANGST.

HERBSTWALD   (Objekt „Herbstnebel im Wald")

DU UND ICH.
DIE NATUR
MOTTET SICH
EIN.

ALLE FARBEN
AUSGEGOSSEN
FÜR DEN
GROßEN
ABGANG.

ÜBERALL
DER DUFT
VOM ABSCHIED
IN UNS.

LANGSAM
GREIFT
WINTERS
HAND NACH
UNS.

FERN AB DER
GRAUEN STADT,
WO UNSER
BETT
BEREITS
WARTET.

JENSEITS DER
JAHRESZEITEN.

DUNKEL UND LAUT.

„HERBSTNEBEL IM WALD", © GISELA MÄNNEL, 2008
WOLLE UND GESCHÖPFTES PAPIER

HERZ

MEIN HERZ
HAT URLAUB.

NICHTS
KANN ES
ERREICHEN.

KEIN TRÜBSAL,
KEIN ANGEBOT,
KEIN LIED.

BETTET SICH
AUF GRÜNEN
WIESEN.

WEITAB VOM
SCHMUTZ
LÄRMENDER
STÄDTE.

ERDE GREIFT
NACH IHM.
RUFT ES
NACH HAUSE.

HERZ II

HERZ TREIBT
STÄNDIG NEUE
KNOSPEN.

RANDVOLLE
SEHNSUCHT.

GLÜHENDER SCHLAF.
ALPTRAUMSCHÖN.

DEIN LÄCHELN
TAPEZIERT MEIN
ZIMMER.

TAGESLICHT
ERSÄUFT MEIN
LEBEN MÜHELOS.

DEINE AUGEN FERNER
ALS DER MOND
VOR MEINEM FENSTER.

QUALMENDE SEELE
BESOFFEN FÜR
EINEN NEUANFANG.

ZÜNDSCHNUR AM
HERZ. VIEL ZU KURZ
FÜR EINE VERSÖHNUNG.

HEUTE ANDERS

SEIT SIE IHN
VERLASSEN HAT,
SCHMECKT JEDER
APFEL NUR NOCH
NACH APFEL.
WASSER NACH WASSER.
BROT SCHMECKT WIE BROT.
KAFFEE WIE KAFFEE.
TAGE SIND HALT TAGE.
NÄCHTE BLEIBEN
EINFACH NÄCHTE.

DAMALS WAR
VIELES ANDERS.
JEDER APFEL
SCHMECKTE
WIE EIN APFEL.
WASSER SCHMECKTE
WIE WASSER.
KAFFEE WURDE KAFFEE.
TAGE WAREN TAGE.
NÄCHTE BEDEUTETEN
NÄCHTE.

ICH

DAS BAND ZU
MIR WIRD
JEDEN TAG
STÄRKER.

AUCH WENN
ICH MAL NICHT
BEI MIR BIN.

MEINE KREISE
SCHLIEßEN SICH
ZUNEHMEND.

LAUFE NICHT
MEHR VOR
MIR DAVON.

TRAGE
MICH WEITER
ALS ICH ES
GLAUBEN
WOLLTE.

MEINE NÄCHTE
FÜLLEN SICH
MIT WORTEN
DES TAGES.

SELBST, WENN
DIE WINDE
NICHT ABREIßEN
BLEIBE ICH
LIEBER NACKT.

KEINEN FAULEN
KOMPROMISS
MIT MIR.

ILONA (Objekt „Liebesbrief")

SITZEND VORM KAMIN.
DEIN BRIEF WÄRMT MICH.

SO KURZ VOR DEM FRÜHLING.

WIE SOLL ODER KANN ICH
DIR ANTWORTEN?

PAPIER ZU ALLTÄGLICH.
MAIL ZU DÜNN.
TELEFON ZU NAH.

LASSE MIR MEINE ZEILEN
AUF DEN RÜCKEN
TÄTOOWIEREN.

LAUFE MIT IHNEN
DURCH DIE STADT.
JEDER KANN ES LESEN.

RÜCKENHALT AUS
TINTE UND LIEBE.

DA SAGE NOCH EINER,
MAN KÖNNE BEIM STERBEN
NICHTS MITNEHMEN…
DIE ZEILEN AN DICH
BLEIBEN AUCH DANACH.

SO, WIE
DER GLAUBE,
DIE LIEBE,
DIE HOFFNUNG.

GENAU, WIE UNSERE LIEBE
UND DAS BESCHISSENE
ALTWERDEN.

OHNE DICH.

„LIEBESBRIEF", © ILONA SCHLUPECK, 2008
NUSSBAUM

INNEN UND AUSSEN

WER WEIß SCHON, WIEVIEL
LIEBE IN EINEM BRENNT.
ICH KANNS NICHT SAGEN.
BRENNMATERIAL IM
ÜBERFLUSS VORHANDEN.

LEICHT ENTZÜNDBAR. FEUER ZU HEIß.
FLAMMENHOCH. STETE GLUT.
HAUFENWEISE ASCHE.

MIT DEM FEUER WÄCHST EINSAMKEIT.
FLÄCHENBRAND GANZ UND GAR.
FEUER OFFEN NIEDERGESCHLAGEN.
IN KALTEN NÄCHTEN ERSTICKT.
WOFÜR ICH ALLES BRENNEN KANN
BERAUBT MICH MEINER SINNE.

BRENNEN IN MUSIK.
BRENNEN IN AUFGABEN.
BRENNEN IN SCHEU.
BRENNEN IN OHNMACHT.
BRENNEN IN MIR.

ABTRÄGLICHER ALLTAG MEINER UMWELT.
ANGSTGEFÜLLTE FEUERLÖSCHER
FRESSEN FUNKEN. AUF FREMDE LIEBE WOLLT´
ICH BAUEN. GETÜRMTES FEUER.
UNERREICHBAR FÜR MICH.
ERST RECHT FÜR DIE ANDEREN.
BRANDWACHEN SCHIEBEN ÜBERSTUNDEN.
ABLÖSUNG BESOFFEN MIT SONNENBRAND
TAUMELND.

BEIM VERSUCH MICH SELBST
ZU LÖSCHEN VERBRANNT.
FEUERSCHATTEN SCHMÜCKEN
WÄNDE. MALE MEIN
RUßVERSCHMIERTES
HERZ AN DIE ZELLENWAND.

IN MIR

IN MIR HOCKT NOCH IMMER
DAS KIND VON DAMALS.

ZERBRECHLICH. UNBEFLECKT.
LÄCHELND MIT VERSUNKENEM
ANTLITZ.

TRAGE ES TÄGLICH
IN DIE WELT.

HERZ TONLOS TRAURIG.

DESHALB WILL ICH SO OFT
AN´S MEER.

DORT, WO MEINE ELTERN
MIR DIE WELT ERKLÄRTEN.

TAGE SCHIENEN ENDLOS LANG.
FRISCHE BRÖTCHEN AM MORGEN.

ZEIT BESTAND NUR AUS ZEIT.
VATER WARTETE AM STRAND
MIT DEM HANDTUCH.

ALLES GLITZERN TÜRMTE SICH
IN DER GUTE-NACHT-GESCHICHTE
EMPOR.

BEHÜTETE NACHT ZWISCHEN
KIEFERN UND MEERESRAUSCHEN.

INSCHRIFT

HABE
MIR WAS
AUSGEDACHT.

ICH ÜBERLASSE
EUCH DIE
VORDERSEITE
MEINES
GRABSTEINES.

GENÜGEND
PLATZ FÜR
ALLE DUNKLEN
GEDANKEN.

VON MIR AUS
AUCH IN
GOLDLETTERN.

AUF DER
RÜCKSEITE
WERDE ICH
MEIN LEBEN
EINKERBEN.

UNVERHOHLEN.

DORT SOLLEN
AUCH DIE
BLUMEN
WACHSEN.

IST DAS NICHT
EIN FAIRER DEAL?

DENN DAHINTER
GUCKEN DOCH
DIE WENIGSTEN
MENSCHEN.

JAHRESZEITEN

DER FRÜHLING
IST MIR ZU
GRÜN.

DER SOMMER
IST MIR ZU
HEIß.

DER HERBST
IST MIR ZU
BUNT.

DER WINTER
IST MIR ZU
KALT.

DIE FÜNFTE
JAHRESZEIT
IST MIR ZU
ALBERN.

JETZT

MEINE BLICKE LANGSAM WIEDER
FREI FÜR DIE WEGE VOR MIR.

SAH DICH ZU OFT IN MEINER STADT.
AUF FAHRRÄDERN, IM SUPERMARKT,
BEIM SPAZIEREN.

AUCH ZUCKE ICH KAUM NOCH BEIM
ERKENNEN VON KENNZEICHEN.

FÜHLE MICH SICHER, DASS ICH
BEINAHE SCHISS BEKOMME,
DU KÖNNTEST GENAU JETZT
AN MEINER TÜR KLINGELN.

WENN ICH NUR WÜSSTE, WIE
DAS DING ABZUSTELLEN
GEHT.

STELLE MIR VOR,
WIE DU DICH DARÜBER
KAPUTT LACHST.

WENN DU MICH WIRKLICH LIEBST,
BLEIBE BITTE IN DEINER WELT.

DORT, WO ICH NIE HINGEHÖRTE.
DAS HABE ICH JETZT BEGRIFFEN.

DAFÜR KANNS DOCH NUN
ECHT NICHT ZU SPÄT SEIN.

JUDITH

WIR TRAFEN UNS
VOR JAHREN AUF NEM
ALDIPARKPLATZ.
WINTER ÜBERALL.

BEIDE AUF EINER
NEUEN LEBENSSPUR
UNTERWEGS.

SCHNELL ERKANNTE
ICH DAS SCHIMMERN
IN DIR UND WAR FASZINIERT.
STÄNDIG GEWACHSEN.
BIS HEUTE.

FREUNDSCHAFT WUCHS SANFT
VOLLER RESPEKT.

ICH LIEBE ES, IN DEINEM OFFENEN
HAUS GAST SEIN ZU DÜRFEN.

DEINE ELTERN SO UNTERSCHIEDLICH,
WIE ES NUR DAS BESTE FÜR
DICH SEIN KANN.

TEILTEST DEINEN VATER MIT MIR.
EINFACH, UNVERSCHNÖRKELT.
ICH HATTE ES SO NÖTIG.

ICH WÜNSCHE, DASS UNSERE
VÄTER JETZT NEBENEINANDER
SITZEN UND IHRE GÜTIGEN HÄNDE
ÜBER UNSERE WEGE HALTEN.

KOPFALPHABET (Objekt „Ein Teil")

AUGEN
VERSCHLOSSEN.

STIRNBAND
AUS STILLE.

RINGSHERUM
ALLE ERFAHRUNGEN
DER JAHRE ZUVOR.
DER JAHRE DANACH.

BUCHSTABEN
UMZINGELN
MEIN ICH.

MANCHMAL
EINE KRONE.
OFT AUS
DORNEN.

HINSCHAUEN
MACHT LÄNGST
KEINEN SINN MEHR.

26 BUCHSTABEN
ZUZÜGLICH
3 UMLAUTE.

AUSREICHEND.
FÜR ALLEN
SCHMERZ
UND LIEBE.

„EIN TEIL", © JUDITH FRANKE, 2009
PAPPEL

LASS UNS ALLES VERGESSEN

KEINE GEDANKEN AN GESTERN.
ERKENNEN DER SCHULD RÜCKSTANDLOS.
SCHMERZFREIER HIMMEL ÜBER UNS.
SANFTE NACHT FÜR EINEN MORGEN.

ALLE BRIEFE ZERRISSEN.
KEINE ZEILE ZWISCHEN UNS.
VERSPRECHEN NUTZLOS SCHÖN.
ROSENMONDE RÜCKWÄRTS.

TAGE ÜBERREDEN UNS ZUM LEBEN.
ARTIG WINKT DIE NACHT AM TAG.
DAS IST UNSERE CHANCE.
LIEDER SCHWINGEN AUFWÄRTS.

LASS UNS ALLES VERGESSEN.
NUR EINS SOLL BLEIBEN.
DU UND ICH HATTEN ES GEWAGT.
AUF DER FALSCHEN WELT. IN
SCHADENFROHER ZEIT.

NUTZLOS, DASS WIR ECHT WAREN.
UNS GLAUBTEN. FÜHLTEN.
KEIN DENKMAL KANN ES WAGEN,
AN ALLES ZU ERINNERN.

LEBEN

JAHRE, WIE IM KOMA
GEFÜHLT. LANGSAMES
AUFWACHEN.

ETWAS VERLOREN.
EIN GEFÜHL ZU SPÄT.

HERUM ALLES FREMD.
LICHT ZU GRELL, DIE
NÄCHTE LÄNGER ALS
MEIN ATEM.

SPEKTAKULÄRER ALLTAG
OHNE ZEITVERSCHIEBUNG
IRGENDWO EINGEFROREN.

GERINGFÜGIGES MAß AN
HOFFNUNG AUF EINE REHA.
ENERGIEFRESSER FREUEN
SICH RAUBLUSTIG AUF DAS
FINALE DER DIÄT.

VERMUTLICH SOLLTE ICH
LIEBER MEINE VERACHTUNG
VOR DEN HEUCHLERN
VERBERGEN UND GRINSEN
IN SEIDENEN STRÜMPFEN.

LEBEN II   (Objekt „Bewusst-Sein")

ICH HABE
GELEBT.
GELIEBT.

UNGEWOLLT
BEWUSST.

FEHLER
JETZT
INSTINKTIV.

CHANCEN
UNBEWUSST
VERTAN.

IM
BEWUSSTSEIN
MEINER
LIEBE
ZU DIR
BEWUSSTLOS
BEWUSST.

„BEWUSST-SEIN", © ROSEMARIE RAEUBER, 2004
ÖLAKTS UND NATURMATERIALIEN

LEBEN III

DAS LEBEN IST
EINE STRASSE.
JEDER TAG IST
EIN MEILENSTEIN.

ICH SCHAUE AUF
DIE ANDERE SEITE
DER MEDAILLE,
UM ZU GUCKEN,
WAS MIR DOCH
ERSPART BLIEB.

TREULOSE KRÜMMUNGEN
UND GERADEN
HINREICHEND IM
ÜBERFLUSS.

GOTTVERLASSEN
AUF DEM WEG.
MEINEM WEG.

LEBENSUHR

DIE UNRUHE
VERDÄCHTIG
RUHIG.

TICK, TICK, TICK.

FREMDER RHYTMUS
FERNER LIEDER.

ZEIGER DREHEN
ENTGEGEN SICH.

STOISCH IMMER
GERADE AUS.

SEKUNDEN
ZÄHLEN
MINUTEN,
STUNDEN,
TAGE,
MONATE,
JAHRE.

TICK, TICK, TICK.

WENN ICH DIE UHR
VERKEHRT TRAGE,
KÖNNTE ES EINE
CHANCE SEIN.

ZEIT DICHT AUF MEINER
HAUT. STECHENDER
ALS JEDES TATTOO.

JEDER STICH
EIN ATEMZUG
VOM REST.

TICK, TICK, TICK.

LIED

SCHWELLE AUS
ERINNERUNGEN
HERAUS ZU MIR.

FERNE
INTROVERTIERT
NAH.

MURMELNDER
WELLENTANZ.
TIEFES BLAU.

MÜHLEN
MAHLEN
TRÄUME.

AUSGELACHT VOM
EIGENEN BLUT.
RAUSCHVOLL.

LETZTE NACHT
SPAZIERT IN
MEINEM HERZ.

MOCHTE SO VIEL
SAGEN VOR DER
STILLE.

UNBEKANNTE
HYROGLYPHEN
VERSUCHEN
SICH AN DER
SCHÖPFUNG.

HARTE KONTUREN
WERDEN WEICH.

LIEBESTEPPICH

SEELEN VERWIRKEN
SICH TAG UM TAG.

WORTE
ZUEINANDER
STRÖMEN.

WÜNSCHE RAHMEN
SICH RINGS ALLSEITIG.

HERZ AN HERZ
SANFT GEKNÜPFT.

ABENDE WERFEN
HEILSAME SCHATTEN.

ZWEISAM LEUCHTEN
HIMMEL SILBERN.

WANGE AN WANGE.
KORALLENROT.

MELODIE AUS
LUST UND GIER.

WEINEN OHNE
SCHLEIER GOLDEN.

VERZAUBERT AUF EWIG
IN DER SEKUNDE.

LINIE

AUF EINEM MEINER TRIPS
NACH BULGARIEN. ZWISCHENSTOP.
EIN BAHNHOF. IRGENDWO
IN RUMÄNIEN. GOTTVERLASSEN.

DAS GOTT WEIT WEG WAR,
KONNTE ICH FAST SCHMECKEN.
EINTÖNIGKEIT BIS ZUM HIMMEL.
BIS ZUM NÄCHSTEN ZUG.

EINE ZIGEUNERIN WOLLTE
MIR AUS DER HAND LESEN.
WENIGE MÜNZEN UND
ES KÖNNE LOSGEHEN.
HOKUSPOKUS, DACHTE ICH UND
LIEß MICH DRAUF EIN.
DIE ALTE SIEGTE. SCHAUTE IN
MEINE HAND. LANGSAM, SUCHEND,
FINDEND.

MEINE LEBENSLINIE SEI GESPRUNGEN.
GENAU IN DER MITTE. ÜBERLAPPE SICH.
ICH WÜRDE ES, WENN´S SO WEIT
IST SPÜREN.

WIEDER IM ZUG, LACHTE ICH MIR
NEN AST. ES WAR JA SOMMER.

DOCH DENKE ICH SEIT VIELEN JAHREN
AN DIE WUNDERSAME ALTE
VOM BAHNHOF IN RUMÄNIEN.

BETRACHTE MEINE HAND UND HABE
TAUSEND FRAGEN. WAS WÜRDE ICH ALLES
GEBEN, UM DIE ALTE HEUTE TREFFEN ZU KÖNNEN.
WÄRE BEREIT FÜR IHRE BLICKE IN MEIN LEBEN.

HOFFE, SIE VERGAB MIR MEINEN
JUGENDLICHEN HOCHMUT.

MEIN HERBST

ENTBLÄTTERT
ALLE WÜNSCHE.
GERÜST MIT
ALTER BORKE
BLEIBT ÜBER.

GLÜCKLICHE
FARBEN IM
WIPFEL.

LETZTE BLÜTEN
UMSCHMEICHELN
WURZELN.

WASSER NOCH
TIEF UNTER
MIR ERREICHBAR.

TRAUMZAUBER
SPIEGELT SICH
WANGENROT.

STILLES BLAU
HINTER AUGEN
RUHELOS.

WINTER
SCHLUMMERT
IN MEINEM
RÜCKEN.

SEELE ERTRÄUMT
SICH STERNENHAFT
DEN FRÜHLING.

MEIN LIED

WAS, WENN MEIN
LETZTER TRAUM
VERBLASST AN
BETONWÄNDEN
VOLLER REALITÄTEN?

WAS, WENN MEIN
HIMMEL DIE ZINNEN
EURER HÖLLEN UMSPANNT?

WAS, WENN SICH
DAS WETTER DOCH
NICHT HINTER DEN
WOLKEN ÄNDERT?

WAS, WENN MEIN HERZ
DEN SCHLUSSAKKORD
LÄNGST VERPASSTE?

WAS, WENN MEINE
LIEBESPFADE FERN
DER LEUCHTENDEN
WELT AUFTAUEN?

WAS, WENN ICH ZU
LEBZEITEN
TAUSENDMAL DEM
VERLIES NICHT ENTKAM?

WAS, WENN MEIN LIED
NUR ZUM TINGELINGELING
TANZEN KONNTE?

MEISTERÜBUNG

BIN ES GEWOHNT,
ETWAS WEGZUWERFEN.

FRÜH ÜBTE ICH DEN
ERSTEN WURF.

ALLERLEI KAM
UNGEFRAGT ZURÜCK.

ZU OFT WAR ICH
ES SELBST.

DAS KANN
MAN MIR ECHT
ANKREIDEN.

HALB BLIEB
ICH IM
MITTELPUNKT.

DIE SONNE ENTLARVTE
MICH IN
DUNKELSTEN
ZEITEN.

SEHNSUCHT HEULT
MOND AN.

WEGWERFEN NUR
AUßEN MÖGLICH.

ZUINNERST BERGE
VON ZERRBILDERN.

ALLE VORBILDER
BLENDEN MAGEN.
AUCH HERZ.
ERBARMUNGSLOS
GRELL.

77

MENSCHENSKIND

BESINNE DICH,
BEVOR DER SPIEGEL
ES UNGEFRAGT ERLEDIGT.

SCHULDEST NIEMANDEN
SONNE, MOND UND STERNE.

MENSCHENSKIND,
GLAUBE AN DICH.
ODER LASS ES MICH
FÜR DICH TUN.

EIN EVEREST,
SICH TÄGLICH
HALTEN MITEINANDER.

DEINE SUCHE IM DU
VERÖDET DEIN ICH.
DIE ZWEIFEL UND
HOFFNUNGEN LEIDEN
SCHON GENUG.

UNENDLICHKEIT IST
WENIGER VERWIRREND
ALS DER ALLTAG.

SPRING VON DER KLIPPE
MUTIG INS TIEFE BLAU.
DEINE ÄNGSTE WERDEN
ES NICHT WAGEN, WIE DU.

EIN OFFENES MEER
TRÄGT DICH SICHER
AN NEUE UFER.
HINTER WELLEN.

MENSCHENSKIND,
KOMM DOCH RÜBER
AUF MEINE SEITE.

MUSCHELLIED

AM STRAND
TÜRMEN SICH
SANDKÖRNER VOLLER
ERINNERUNGEN.

MEER GREIFT
NACHTENS
NACH IHNEN.

ICH MÖCHTE
VATER
WIEDERSEHEN
IN EINEM
KLEID AUS
MEERESSCHAUM.

STEIGE IN
SEIN BOOT.
BLICKE NICHT
ZURÜCK.

DER STRAND
HAT MICH ZU
OFT VERRATEN.

ZU JEDER
JAHRESZEIT.
KORN FÜR
KORN.

NACHT

STILLE KLAMMERT HERZ.
TIEFES SCHWARZ LAHMT
ÜBERS PARKETT. FERNER
KLANG EINES FESTES.

LEBEN ZUM ZERREIßEN
GESPANNT. ALLER REICHTUM
INNEN. SCHUTZ IM ALLTAG.
FERNES BLENDENDES LAND.

HERZ STRÖMT DIR ENTGEGEN.
BEREIT ZUM VERRAT DER GEFÜHLE.
AUFSCHLAG KURZ NACH DEM START.
TRAUMQUAL SPIEGELT SICH.

MÄRCHENHAFTES IM NACHTEIL SEIN.
WINDIG STÜRZEN MEINE WÜNSCHE
IN DEN ABGRUND. WALLENDES BLUT
WÜTET IN MIR.

NACHTTRAUM

LEHNE MICH AN DIE NACHT.
TRAGE IHR SCHWARZES KLEID.

QUÄLENDE LUST WIMMERT,
WIE EIN KIND IN MIR.

ZWISCHEN KAMPF UND
FRIEDEN IST NOCH
JEDE MENGE PLATZ.

ALLES VERFLOSSENE
BRANDET IN MEINEM LEIB.

MITTERNACHT´S
GEIST VERHIMMELT
UNZART IN TRÄUMEN.

MEINE LIEBE IST EIN
RUHELOSER DERWISCH.

SCHWERE KÜHLE IM
GERIESEL DES ALLTAGS.

PARADIESSTERNE
WEIT AB VON
DEN MENSCHEN.

UNTER NIEDRIGEN
STRÄUCHERN
KAUERN
TAGTRÄUME.

NUR EIN KUSS
KANN MICH
HERZAB RETTEN.

NEUE OFFENBARUNG   (Objekt „Die Offenbarung")

OFFENBAR
VERLANGT ES
MUT ZUM
LIEBEN.

OFFENBAR
IST DER
AUGENBLICK
EWIG.

OFFENBAR
BRAUCHT
ES FÜR
SCHWÄCHE
STÄRKE.

OFFENBAR
IST VERGEBUNG
NICHT
VERGEBENS.

OFFENBAR
STRAHLT
IM ALTER
DIE JUGEND
GRENZENLOS.

OFFENBAR
KANN VERLUST
GEWINN SEIN.

OFFENBARUNG.
OFFEN UND BAR.

„DIE OFFENBARUNG", © THOMAS SCHWARZ, 2009
ROTBUCHE

NUR GUT ...

NUR GUT, DASS DU DICH
VON MIR GETRENNT HAST.

WAS MIR ALLES ERSPART
BLEIBT, IST VIELSAGEND.

VORSTELLUNGEN BEENGEND,
WAS AUCH SCHON REICHT.

BRIEFE ERREICHEN IHRE
EMPFÄNGER NICHT MEHR.

DEIN NÄCHSTER AUSBRUCH
TRIFFT EINEN ANDEREN MANN.

MEIN TELEFON GENIESST DEN
UNVERDIENTEN RUHESTAND.

DEINE KINDER GRUSELN
NUR NOCH WAHRE MÄRCHEN.

NIEMAND MUSS UNS BEERBEN,
UNS ZURÜCKWÜNSCHEN.

SPRITPREISE SIND JETZT EHER
UNBEDEUTENDE ZIFFERN.

AUF MEINER HAUT IST PLATZ
FÜR NEUE NARBEN OHNE DICH.

WIR MÜSSEN NICHT UM UNS
TRAUERN AM ENDE DES LEBENS.

1000 ERLEBNISSE BLEIBEN UNS
TAUSENDFACH ERSPART.

NUR GUT, DASS MIR NICHT
ALLES EINFÄLLT.

NUR GUT ...

OHNE TITEL

DEN GANZEN LIEBEN TAG
ÜBER ANDERE GEHETZT.

KEINE SCHAM EROBERTE
MEINE BÖSEN WORTE.

NICHTS BLIEB VOR
MIR SATTELFEST. NICHTS.

AN ALLEM FAND ICH
SCHATTEN UND VERSAGEN.

DER BITTERE BREI FLOSS
FLUTARTIG. KÜBELWEISE.

ES WAR SO EINFACH.
NICHT EINER BLIEB
VERSCHONT.

NUR FIEL MIR AUF ...

JETZT VERSTEHE ICH
EUCH BESSER.
KANN EUCH FÜHLEN.
KANN EUCH ERKENNEN.

WIE LEICHT DIESER
WEG DOCH IST.
VERFÜHRERISCH GLATT.

STREUGUT HIERFÜR
NOCH NICHT ERFORSCHT.

ALSO PASST GUT AUF,
DASS IHR EUCH NICHT
NOCH DIE KNOCHEN BRECHT.

EURE HERZEN LÄNGST
ZERSCHOLLEN AN DIESEM
TAG.

RÖSLEIN

MORGENRITUAL
MIT FRISCHEM
KAFFEE.
BELEGTEN
BRÖTCHEN.

RESPEKTVOLL
SCHAUE ICH
AUF DEIN LEBEN.

HARTE ZEITEN
FÜHREN NICHT
ZWANGSWEISE
DAZU, SELBST
HART ZU WERDEN.

BESCHEIDENHEIT
BEI JEDEM DEINER
HANDGRIFFE.

VON WEGEN:
„ICH KOMME AUS
DEM SCHACHT."

LICHTERFÜLLT
STEHST DU
NEBEN MIR.

BIST GEWINN UND
HOFFNUNG IM
ALLTAGSKAMPF.

FREUNDSCHAFT
ÜBER UNSERE
LEBEN WEIT
HINAUS.

RÜCKBLICK

AN FEHLERN
HAPERTE ES IN
MEINEM LEBEN
WAHRLICH NICHT.

GROßE UND KLEINE.
FEHLER, DIE NUR ICH
BEMERKTE. HAUFENWEISE
OFFENKUNDIGE.

MEUTE GRUNZT
LÜSTERN BEIM
ANBLICK MEINES
SCHEITERNS.

AUS GRÜNDEN
DES VERSTANDES
ODER DER MORAL.

DOCH DIE SCHLIMMSTEN
FEHLER, DIE DIE ICH MIR
NICHT VERGEBEN WERDE
ODER KANN,
SIND FEHLER, DIE ICH NICHT
GETAN HABE.

HIERFÜR REICHT
DIE VERBLEIBENDE
ZEIT NICHT MEHR AUS.

DAMIT WERDE ICH
LEBEND STERBEN.
IHR ABER AUCH.

SAG, ICH WILL …

SAG, ICH WILL DICH
FREISPRECHEN FÜR MICH.
SAG, ICH WILL DEN
HIMMEL FÜR UNS BITTEN.
SAG, ICH WILL EIN
LIED DIR SCHREIBEN.

SAG, ICH WILL MICH VERZEHREN
NACH DEINER SEHNSUCHT.
SAG, ICH WILL EINEN TAG
DIR SCHENKEN MORGEN.
SAG, ICH WILL EINEN STERN
RAUBEN VOM HIMMEL FÜR DICH.

SAG, ICH WILL MEINE TÜR
ÖFFNEN FÜR DICH IMMERZU.
SAG, ICH WILL DEIN HERZ
TRAGEN MIT SEINER LAST.
SAG, ICH WILL DEINE AUGEN
UNABLÄSSIG AUF MIR SPÜREN.

SAG, ICH WILL DEINEN NAMEN
STÖHNEN FERN DER STADT.
SAG, ICH WILL ALLE STUNDEN
SEKUNDENLANG MIT DIR TEILEN.
SAG, ICH WILL DEINE SEELE
IN MORGENTRÄUMEN WIEGEN.

SAG, ICH WILL DEIN WEINEN
IN EINEM ROSENHIMMEL BETTEN.
SAG, ICH WILL DER STRAND
AN DEINEM MEER SEIN.
SAG, ICH WILL DIR EIN WUNDER
SCHENKEN EINFACH SO.

SAG, ICH WILL …

SCHAUT HIN

WOLLTET IHR
NOCH NIE
ALLE SPIEGEL
DER WELT
ZERTRÜMMERN?

WEIL EUCH
ENTZÜCKTE, WAS IHR
DARIN ERBLICKTET?

TJA, BEI EINER
GRAFIK IST DIES
LEICHTER.

EINFACH DRÜBER
MALEN ODER
RADIEREN.

GEDICHTE
MACHEN ES EINEN
AUCH NICHT GERADE
SCHWER.

DEMENTI FÜR
DIE GOLDENE
EWIGKEIT.

DER SPIEGEL
BLEIBT
UNBESTECHLICH.

ZUM GLÜCK.

SCHMERZ

MEINE SEELE
SCHREIT MICH AN.

AUFWECKEN UNTER
DUNKLEN STERNEN.

TRÄUME NAGEN
AN MEINER ZUVERSICHT.

ENTHAUPTETE SPHINX
ZUM SPRUNG BEREIT
IN MEIN HERZ.

ERSCHRECKE MICH
VOR MIR
SCHARLACHROT.

HERZALLERLIEBST
VERGRABEN SICH
ROSEN IN MEINEM
KNOCHENGERÜST.

WELTTRÄUME
OHNE FORTDAUER
IN JEDER
NACHTWOLKE.

SCHÖNHEIT

UNENDLICH
VERSTECKT
UNTER JEDEM
PFLASTERSTEIN.

HINTER JEDEM
SCHMERZ.
IN JEDEM
UNGLÜCK.

ICH DROHE,
DABEI VÖLLIG
VERRÜCKT
ZU WERDEN.

NEIDVOLLE
BLICKE AUF
DIE SPIEßER
UND JÄGER.

VIELE GLAUBEN,
ICH SEI EIN FREAK.
PASST VOLL UND
GANZ.

NICHTS SOLL
ANDERS SEIN.
KEIN LOHN
KANN MICH
KÖDERN.

ABER AUCH FREAKS
HABEN EIN HERZ.
HABEN GEFÜHLE.

ICH WERDE WIE
DIE ANDEREN SEIN.

VERSPROCHEN,
IHR FREAKS.

SEILTANZ

GUT GESPANNT.
DEN WEG
TAUSENDFACH
GEÜBT.

HALBE DISTANZ
GESCHAFFT.

DER NEBEL VOR
MIR IST SO KLAR,
WIE DIE STRECKE
IN MEINEM RÜCKEN.

BILDE MIR EIN, DAS SEIL
IST AM ANDEREN
ENDE GUT VERTÄUT.

HINTER DEM NEBELSCHLEIER
WERDE ICH ES MUSTERN.

ALTE GESÄNGE
WIPPEN SICH
ZUM ANGRIFF EMPOR.

VOR DEM ABSTURZ
KANN ICH KEINE
ANGST BIETEN.

EURE STERNE
LEUCHTEN GENAUSO
WENIG, WIE MEINE
VON SELBST.

SELBSTPORTRÄT

GLÜCKLICHE ZEIT BIS ZUR SCHULE.
ABENTEUER IN JEDEM BUSCH.
WETTLÄUFE MIT SONNENSTRAHLEN
HINTERM HAUS.

JAHRESZEITEN SCHMECKTEN
SÜßER ALS ALLE LECKEREIEN.

VATER RAUCHEND AM FENSTER.
GÜTIGE AUGEN IN MEINEM RÜCKEN.
HALT OHNE GEGENLEISTUNG.
EINFACH SO.

KÄFER WAREN MEINE GEFÄHRTEN.
FRÜHE LUST AM FEUER. ENDLOSE
LISTEN, WAS WOHL BRENNEN
KÖNNE.

NACHBARS SOHN PEINIGTE FLIEGEN.
AUSGERISSENE FLÜGEL AUF FENSTERBÄNKEN.

HEIMLICH BENEIDETE ICH IHN.
TRAUTE MICH DOCH NICHT.
ETWAS HIELT MICH ZURÜCK.

ABSCHEULICHE BILDER VON FLÜCHTENDEN
FLIEGEN OHNE FLÜGEL.

SCHULZEIT GLEICHSAM. WISSEN FLIEGEN
ZU KÖNNEN. NUR FLÜGEL
WAREN NICHT ERWÜNSCHT.

ARTETE MICH NACH DEN ANDEREN RINGSUM.

UND IMMER DAS BILD VON DEN HILFLOSEN
FLIEGEN IM TREPPENHAUS.

DA MACHT ES REIN GAR NICHTS,
DASS MAN VIEL GRÖßER IST
ALS EINE FLIEGE.

SO, WIE ICH ...

SO, WIE ICH BIN,
HAT VIELMEHR
MIT EUCH ZU
TUN, ALS IHR
ES GLAUBEN
WOLLT.

WAS IHR MIR
ANTUT, MACHT
MICH NICHT MINDER
ZU DEM, WAS
IRRITIERT AN MIR.

GEWISS BEGEHRT
IHR MICH MEHR
FÜR EUCH SELBST.
NICHTS IST
TRAGISCH DABEI.

MITEINANDER WÄRE
ZU EINFACH. BESSER
POSAUNT ES SICH AUS
SCHILDBURGHAUSEN.

EURE KLÄNGE
ERREICHEN MICH
LÄNGST NICHT MEHR.

DA MACHT ES AUCH
KEINEN SINN, DAS
ORCHESTER
AUFZUSTOCKEN.

INSZENIERUNGEN
LÄNGST HINFÄLLIG
VOR DEREN PREMIERE.

SPLITTERAUGE

EILE DURCH
DIE STRAßEN
MEINES VIERTELS.

KATZENBERG
MIT VIEL ZU
WENIGEN KATZEN.

WIE RAFFINIERT
DOCH MEIN
KASSBERG IST.

SCHLEUDERT
MIR GANZ SANFT
EIN STAUBKORN
INS LINKE AUGE.

GLÜCK FÜR
MEINE TRÄNEN.
ENDLICH ENDLOSE
WASSER NICHT
MEHR
VERSTECKT.

KEINE ERKLÄRUNGEN
VOM HIMMEL ABGERUNGEN
FÜR DIE MITLEIDIGEN
BLICKE.

WARUM,
WIESO,
WESWEGEN,
WEGEN WEM
DIE
TRÄNEN.

ES IST JA NUR
EIN KORN IM AUGE …

SUCHT

MACH DOCH ENDLICH
ALLES HARTE WEICH.

WERDE MICH NICHT
SCHONEN FÜR
DEN ROSENGARTEN.

GEBE MICH GANZ HIN,
WENN DU MIR DEN
HIMMEL ZEIGST.

FÜHLEN BLEIBT
UNGESUND IM
TAUMEL RAUSCHVOLL.

SCHICKSALSKRÄHEN
WITTERN FETTE BEUTE
IM DÄMMERLICHT.

KREISEND SPRINGT
VERSTAND IN BLAUER
WOLKENPRACHT.

IRRLICHTER BUHLEN
IN TEUFELSPRACHT
SEELE FRESSEND.

TRÜGERISCHES
ANGESICHT.
ANSTALTSREIF.
ABGRUNDTIEF
FREI.

SILVESTER

BIN ES LÄNGST LEID DEN LETZTEN TAG
ZU PLANEN. WO ODER MIT WEM
ICH FEIERN WERDE, IST RUNDWEG
SCHNUPPE.

KEINE AHNUNG, OB DER RÜCKBLICK
ODER AUSBLICK AUF DIE JAHRE
BITTERER IST.

DIESER TAG IST ZU OFT
SEELENWUND VERHÜLLT.
IN MIR TANZEN SCHIFFE,
WIE FLIEGENDE FISCHE.
WEIT AB VON BLAUEN
HIMMELN UND ALLEN MEEREN.

UND DOCH LIEBE ICH DIESE
EIGENARTIGE LUFT IN JENER
NACHT. DURCHDRUNGEN. ZUDEM
ALKOHOL UND KNALLKÖRPER.

NACH NULL UHR BETRETE ICH EIN
NEUES ALTES LAND. DIE GLOCKEN DER
STADT MAHNEN BETÄUBEND.

MEIN HORIZONT ZEITLOS OHNE GEPRÄNGE.
NÄRRISCHE FREUDE ÜBER VORBOTEN
KÜNFTIGER STÜRME.

JAHRE, WIE DIE ALLERLETZTE
TELEFONZELLE AUF ERDEN.
OHNE ANSCHLUSS UND
IMMER BESETZT.

TAUCHGANG

MEINE SEELE
TAUCHT IN
FREMDE
OZEANE.

FERN VOM
LICHT DES
FESTLANDES.

GUT BEHANGEN
MIT TRÄUMEN
VERSINKT SIE
KINDERLEICHT.

ECHOS IM
ZICKZACK
TROMMELN
AUS DER
TIEFE.

MUSCHELN
FLÜSTERN
GEHEIMNISSE
LICHTERFÜLLT.

MEINE TASCHEN
VOLLER STERNE
ALS GESCHENK
AN DIE TIEFE.

TROPFENSCHWER
PUMPT MEIN
HERZ ABWÄRTS.

ALLE SEHNSUCHT
DER WELT
VERGEHT IM
GESTERN.

TOD

WIE WIRD ES SEIN,
WENN DER TOD
MICH BESUCHT?

KOMMT ER LEISE
IN DER NACHT?

LAUT UND SCHNELL
AM TAG.

WIRD ER ES DULDEN,
DASS DU NEBEN
IHM STEHST
ODER SITZT?

MIR DIE HAND
STREICHELST UND SAGST,
„ALLES WIRD GUT".

ABSCHIED
ALS ÜBERGANG.

DENN VATER
WARTET AUF DER
ANDEREN SEITE.

ADIEU UND
GLÜCKLICHE REISE.

TRAUM

HEUTE TRÄUMTE
ICH VON GOTT.

ER GAB MIR SEIN GEWAND.
GOTTES SAUM WAR
ZERSCHLISSEN.

MEINE GROBEN
PFOTEN UNFÄHIG
DIESEN
ZU HALTEN.

MONDLICHT VERGEBLICH
SCHÖN. LICHT ZWISCHEN
FINGERN DEMÜTIG
FÜR DAS WERK.

NEUE KLEIDER
MACHEN KEIN
NEUES LEBEN.
AUCH NICHT
BEI GOTT.

GOTTES MANTEL
HINTER PANZERGLAS.
VITRINE VOLLER
HOFFNUNGEN
AUF ERLÖSUNG.

NACH DEM
ERWACHEN FRAGTE
ICH MICH, WER WOHL
MEHR HILFE BRAUCHT.
IM HIER UND JETZT.

ALLE, DIE KEINE
WELT FANDEN
STAUNEN ÜBER
DIE BLICKE VORM
PANZERGLAS.

UNSCHULD

GOLDENE
KINDERTRÄUME,
WIE STUMME
ENGEL.

HAND IN HAND
AUF MEINER
ALTEN HAUT.

UMRINGT VON
FESSELN DER
MITTERNACHT.

SEELE ERSTARRT
MIT KÜHLEM
VERSTAND.

VERMUTLICH
VERLOREN
UNTER
EINEM STEIN.

SENGENDE
JUGEND SILBERN,
WIE EINE FREMDE
ILLUSION.

SPRÖDE KNOCHEN
BRONZEN BIS
ZUM LETZTEN
TAG DER TAGE.

UNSCHULD.
MAKELLOS.
UNANGREIFBAR.

ÜBERFAHRT

HAB´DEN FÄHRMANN
BAR ENTLOHNT FÜR
DIE LETZTE REISE.

UNBEIRRT SEINE
HANDGRIFFE AM BOOT.

STERNE, WIE EIN
BILDERBUCH ÜBER
MIR.

MEINE ANGST BLEIBT
ZURÜCK AM UFER.
GEPÄCK NICHT NÖTIG.

ALLE DORNEN WERDEN
JETZT GEZÄHLT. DAFÜR
IST NUN AUSREICHEND ZEIT.

UNTERM ARM DIE
FILMROLLE MEINES
LEBENS.

LANGSAM HUMPELN
JEGLICHE ZWÄNGE AUS
MEINEM KOPF.

RITZE MEINEN NAMEN
IN DIE BORDWAND
FÜR DICH.

STELLE MIR VOR,
WIE DEINE
SAGENHAFTEN HÄNDE,
MEINE BUCHSTABEN
NACHZIEHEN
BEI DEINER
ÜBERFAHRT.

VERMISSTENANZEIGE

ICH VERMISSE
DICH SO SEHR.

ERFLEHE DEN
KLANG DEINER
STIMME.

BEGEHRE DEINE
HAUT UND WIE
DU DICH
ANFÜHLST.

TRÄUME
IMMERFORT VON
DIR. AUCH AM
TAG.

ICH WACHE AUF.
KANN NICHTS
LEBENDIGES
ERINNERN
IN MIR.

WAHRHEIT

ES GIBT ZWEI ARTEN
VON WAHRHEIT.

DER HIMMEL IST BLAU.
GRAS IST GRÜN.
MILCH IST WEIS.

UND WIR SIND NUR
ARSCHGEIGEN.
NICHT GENIEßBAR.

IMMER GLAUBEN
MÜSSEN, WEIL
BEKENNTNISSE NÖTIG.
FARBLOS NEU.

WESHALB SIND WIR
BISWEILEN SO
VERDAMMT PLATT.

MEIN ARGWOHN AN
DAS LEBEN BEGEHRT,
DASS ICH ALLE
WAHRHEITEN GLAUBE.

LIEBE, EHRE, MACHT
VERKNOTEN STREBEN
NACH LINDERUNG.

WAS BLEIBT AUSSER
WORTHÜLSEN?
EINMAL UNVERSCHLEIERT
SEIN?

WENN ICH DAS
NICHT TUE BLEIBT NUR
DIE DRITTE WAHRHEIT
DER HEUCHLEREI.

WANDERUNG

WOLKEN KRÜMMEN
SICH KATZENARTIG
NAH.

MOND UND SONNE
TANZEN DEN ALTEN
REIGEN.

ALLE NÄCHTE
ABGEHOLZT VOR
DEN TAGEN.

LASS MICH DEIN
WEGRAND SEIN.
AN DEINEN
WÜNSCHEN
ENTLANG.

LIEBKOSE DICH
RECHTS UND
LINKS VON
DEINEM HERZEN.

FÜHLST DU
MEIN LEBEN
UNTER DEINEN
SCHRITTEN?

WAS BLEIBT

DU KENNST
MICH NICHT,
WEIL DU
MICH NIE
KENNENGELERNT
HAST.

ICH JAGE
NACH DEM
WIND EIN
LEBEN
LANG.

EGAL, WIE LANG
ODER WEIT
DU VOR DEINER
VERGANGENHEIT
WEGLÄUFST ...

MANCHMAL
HOLT SIE
DICH EIN
UND BEIßT
DIR INS
GENICK.

WAS ICH WILL

WAS ICH WILL
KANN ICH NICHT
SAGEN.

ICH KANN ES
FÜHLEN,
RIECHEN,
SCHMECKEN.

ICH SPÜRE
ES AUF DER
HAUT.
TAGSÜBER.
IN DER NACHT.

TASTET
NACH MIR IN
SCHWARZER
FIKTION.

DA UND DORT LOCKT
LICHT. KREISRUND.
SCHMERZ FÜR
SCHMERZ RINNT
DIE ZEIT IN DEN
ABFLUSS.

ANMUTIGER
STRUDEL GURGELT
IM UHRZEIGERSINN.

ZEIGER
LÄNGST
GEBORSTEN.

WAS MICH NICHT LOSLÄSST

ICH HABE
DICH GELIEBT.

MEHR ALS
ALLES ANDERE
IN MEINEM
LEBEN.

BEINAHE MEHR
ALS
MEINEN
GELIEBTEN
VATER.

ABER DAS
WÄRE EIN
NOCH FAUSTDICKERER
FEHLWURF GEWESEN,
ALS DICH
ZU VERLIEREN.

DAS WAR SO
UND WIRD
AUCH SO
BLEIBEN.

VÖLLIG EGAL,
OB MIR
ODER DIR
DAS PASSEN
MAG.

WARTESTATION

ER SITZT MIT SICH RUM,
ALS WÜRDE ER AUF
IRGENDWAS WARTEN.

IRGENDWAS IST EINSTWEILEN
HUNDERTMAL REALISTISCHER,
ANSTELLE AUF IRGENDWEN
ZU WARTEN.

SO, ALS SPRENGTE JEDEN
MOMENT EINE TÜR AUF, FÜR EINEN
SEIDENEN ANFANG. DIESES BILD STECKT
SO ELEND TIEF IN IHM. KEIN MESSER
DER WELT KANN ES RAUSSCHNEIDEN.

RAUCHFAHNEN DER UNTERWERFUNG
STEIGEN HERAUF. KÄMPFE LIEßEN
IHN UNBEMERKT ALTERN.

GERECHT, UNGERECHT,
EHRLICH, OFFEN …
LÄSSIGE SINNHÜLSEN.
KOMPLETTER WUNDBRAND.

RÄDER DREHEN VORWÄRTS,
WIE DIE ZEIT. SEINE WELT DAVOR
BLEIBT VERTRAUTER. RÜCKEN
GESCHUNDEN VOM REBELLIEREN.

SCHREIBT SEINE AUSGEDÜRRTEN
WÜNSCHE AUF EINEN ZEITUNGSRAND.
GUT GENUG ZUM WEGWERFEN.

SONNE UND MOND WECHSELN SICH
AB ZWISCHEN BANGEN UND HOFFEN.

TROTZDEM WILL ER IMMER NOCH MEHR.
IN SEINEN TRÄUMEN REIST ER MIT EINER
FREMDEN KARAWANE FERNAB DER
QUALMENDEN STÄDTE.

WIEDERGEBURT

WAS WÜRDEST
DU MIT EINEM
ZWEITEN LEBEN
ANSTELLEN?

WÄRST DU
LIEBER JEMAND
ANDERES.

AN EINEM
FERNEN ORT,
WO DICH
NIEMAND
KENNT.

MANN
ODER FRAU.

ODER WOLLTEST
DU LIEBER
EIN KIND
BLEIBEN.

BESCHÜTZT.
BEHÜTET.
GERETTET.

WEIT AB VOM
LÄRM DER
GROßEN.

WINTERLICHT

DIE SONNE STEHT
FERN VOM LETZTEN
SOMMER.

CHANCENLOS GEGEN
DAS LICHTBLAUE
KLEID DER WELT.

ZEIGT SICH
KURZ AM TAG.
IHR GESCHÄFT
IST EIN ANDERES.

VORTEIL FÜR
MOND UND STERNE.

ICH LIEBE DIESES
DÜNNE LICHT.
RITTERLICHES
ERSTARREN
AUF ERDEN.

ALLES VERSCHWIMMT
IN KLIRRENDER
KLARHEIT.

FAST ZUM
GREIFEN NAH
DER WALD
AM RAND
DER STADT.

BEINAHE GLAUBE ICH
DER VERGÄNGNIS
ENTFLIEHEN ZU KÖNNEN.

KEINE VERSE,
KEINE LIEBEN
SCHEINEN DANN
NÖTIG.

WIR

WIR PLÄTSCHERTEN
IM TRÜGERISCHEN
MEER DER FREIHEIT.
AUSGELASSEN, ALS
HÄTTEN WIR ALLES
IM GRIFF.

HIMMEL FLIMMERTEN ÜBER
UNS. NACKT BEIEINANDER.

KEINE SCHWIMMWESTEN
NÖTIG, DA WIR UNS SELBER
TRUGEN IN MOMENTEN VOLLER
ZWEISAMKEIT. NICHTS ZWISCHEN
UNS. FREIHEITSTRIEB.

ÜBERFÄLLIG ERKANNTEN WIR DEN
STURMBALL AM STRAND. STRANDGÄSTE
LÄNGST HINTER SCHÜTZENDEN
RINGMAUERN. WEIT AB VOM STURM.

NICHTS KONNTEN WIR AUSRICHTEN
GEGEN DIE KRAFT DER WELLEN.
AUS DEM MEER WURDE EIN TÜMPEL.
SCHWARZ. UNENDLICH BEENGEND.

LIEß MEINE SEELE LOS,
UM ÜBERHAUPT ETWAS
ZU RETTEN. TRÄNEN
MISCHTEN SICH IN´S MEER.

SINKEND BLEIBE ICH ZURÜCK.
SCHAUE DIR NACH, WIE DU
PANISCH AN LAND PADDELST.

NUR EIN TRAUM.
ZURÜCK BLEIBT
LEERE VOLLER
GEWISSHEIT.

WOHNUNG

JETZT HABE
ICH ES RAUS.

KEINE PFLANZE
ZIERT MEIN HEIM.

MEIN WACHSTUM
DÜNGERFREI.

GRÜNE AUGENWISCHEREI
ERBARMUNGSLOS.

SCHEINHEILIGE TÖPFE FÜR
DEN REST BEREIT.

SÜNDENTÖPFE.
LIEBESTÖPFE.

LIEBER ZIEHE ICH
ALLE SPIELUHREN AUF.

TANZE RAUSCHVOLL.
HERZFLUT VERDRECKT.

WOLKENLOS FREI.

WUNSCH

LIEBEN WOLLT´
ICH GRENZENLOS.

LIEBEN MEHR
ALS LIEBEN.

LIEBEN MEHR
ALS HASSEN.

VOM NORDEN
BIS ZUM SÜDEN.

HÄMMERNDE NACHT
NIMMERSATT.

BEBENDE ZWEIFEL
RINGEN IMMERGRÜN.

MONDHELL JAMMERT
MEIN WINTERABEND.

LAVA UMWALLT HERZ
AUF ROTEM TEPPICH.

SEELE UNGEKÜSST
TIEF IN
MEINEM HERZEN.

ZUFALL

ICH WEIGERE MICH
AN ZUFÄLLE GLAUBEN
ZU WOLLEN.

WENN ICH
ZWEI DINGE FINDE,
DIE ZUSAMMEN PASSEN,
DANN GIBT ES
FÜR MICH NUR
EINEN BÜNDIGEN
GRUND.

BEIDE WESEN
GEHÖREN
ZUSAMMEN.
WEIL SIE EINS SIND.

SO WAR DAS
AUCH BEI UNS BEIDEN,
VERDAMMT NOCHMAL.

UND DAS HAT REIN
GAR NIX MIT
ZUFALL
ZU TUN.

DAS WAR
WIRKLICH EIN
DING.

ZWISCHENSTOP

IN DER ZWEITEN
HÄLFTE MEINER
BAHN SCHAUE
ICH MEHR UND
MEHR ZURÜCK.

MEIN ELTERNHAUS
HALB VERWAIST.
BEREIT FÜR
KOMMENDE
ABSCHIEDE.

SPIEGELBILD WIRD
IMMER FREUNDLICHER.
UNGESCHMINKT.

DER BLUES AUS
JUGENDZEITEN TÖNT,
WIE EIN LIED, DESSEN
NAMEN MAN KRAMPFHAFT
ERINNERT.

KRAFTPROBEN DER ERSTEN
HÄLFTE BLEIBEN ZURÜCK.

VOR MIR LIEGT DER WEG,
WIE EIN KREIS. JEDE RUNDE
WEITET MICH.

DEM TOD ENTGEGENZUGEHEN,
IST INZWISCHEN WIE EINE LIEBSTE
VOM BAHNHOF ABZUHOLEN.
NACH JAHREN DER TRENNUNG.

ANHANG I

OBJEKT „LIEBESBRIEF" (TEXT)

LIEBER RALF,
DA ICH OFT AN DICH DENKE, MITUNTER SO OFT, DAß ICH
GAR NICHT MERKE, DAß DU NICHT BEI MIR BIST UND ERST
DAS TELEFON MICH INS LEBEN ZURÜCKRUFT UND MIR
KLAR WIRD, DAß WIR UNS AN VERSCHIEDENEN ORTEN
AUFHALTEN UND GLEICHZEITIG DOCH ERLEBBARER SIND
ALS SONST. ES IST EINE HAßLIEBE DIESE TECHNIK. ICH
VERMEIDE ES LÄNGER DARÜBER NACHZUDENKEN, WEIL
ICH ÜBER DIE SCHÖNEN SACHEN NACHDENKEN MÖCHTE –
ÜBER   DIE   LIEBE,   ÜBER   DAS   LEBEN,   ÜBER
GEMEINSAMKEITEN, ÜBER SPEZIELLES – Z.B. ÜBER DAS
BESCHISSENE ALT-WERDEN, DARÜBER WIE MAN DIE WELT
DANN SIEHT ODER OB ES DOCH JEMANDEN GIBT MIT DEM
MAN ÜBERHAUPT ETWAS TEILEN MÖCHTE, ODER OB ALLE
SCHON HALBTOT SIND UND GAR NICHTS MEHR WISSEN
WOLLEN. ABER SELBST WENN ES SO WÄRE, DENKE ICH,
BLEIBT UNS IMMER NOCH DIE VERRÜCKTE KUNST, WO
ALLES   MÖGLICH   IST   UND   DIE   TIERE,   DIE   NICHTS
HINTERFRAGEN UND ÜBERHAUPT DIESES STÜCK NATUR,
DAß SICH IMMER WIEDER SELBST ERNEUERT UND EINEN
AUCH NICHT IMMER GLÜCKLICH MACHT. DA DENKT MAN AN
DIE BIBELWORTE VON GLAUBE, LIEBE UND HOFFNUNG –
ABER DIE LIEBE IST DAS WICHTIGSTE UND MAN FRAGT
SICH, WARUM LEGT MAN SO WENIG WERT DARAUF? – UND
JEDESMAL DENKT MAN, BEIM NÄCHSTEN MAL WIRST DU ES
ANDERS MACHEN UND WIR WERDEN NICHT ÜBER DAS
„ANDERSMACHEN" NACHDENKEN UND VIELLEICHT WIEDER
ALLEIN SEIN MIT DER KUNST UND DEN TIEREN UND DER
NATUR UND DENKEN, DAß DAS LEBEN DOCH SCHÖN IST.

ILONA
BURKERSDORF, 2.7.08

ANHANG II

OBJEKT „GEDULD" (TEXT)

WENN DER BAUM GEBOREN WIRD,
IST ER NICHT SOFORT GROß.
WENN ER GROß IST,
BLÜHT ER NICHT SOFORT.
WENN ER BLÜHT,
BRINGT ER NICHT SOFORT
FRÜCHTE HERVOR.
WENN ER FRÜCHTE
HERVORBRINGT,
SIND SIE NICHT SOFORT REIF.
WENN SIE REIF SIND,
WERDEN SIE NICHT SOFORT
GEGESSEN.

AEGIDIUS VON ASSISI

DANKSAGUNG

ICH DANKE DEN KÜNSTLERINNEN UND KÜNSTLERN VON HERZEN, WELCHE MIR DIE ERLAUBNIS ZUM ABDRUCK IHRER OBJEKTE GABEN. DIESE BEREICHERN MEIN BUCH ENORM, WORÜBER ICH MICH FREUE. DIESE TEXTE ENTSTANDEN IM RAHMEN DER SONDERAUSSTELLUNG „AUSERLESEN – HOLZWURM TRIFFT LESERATTE", WELCHE 2010 IM DAETZ-ZENTRUM LICHTENSTEIN STATTFAND. NACHFOLGEND SIND WUNSCHGEMÄß DIE KONTAKTDATEN ZU FINDEN.

JUDITH FRANKE
PRÖSTRICH 3, 07343 WURZBACH
cayuga@gmx.net
www.judithfranke-skulpturen.com

GISELA MÄNNEL
OELSNITZ, OT NEUWÜRSCHNITZ

SERGEJ POWELIZA
GRIESENBRUCHSTRASSE 37, 32139 SPRENGE
TEL.: 05225 - 897699
www.poweliza.de

ROSEMARIE RAEUBER
WILISCHBLICK 36 A, 01728 HÄNICHEN
TEL.: 0351 - 4042731
rosa-raeuber@arcor.de

ILONA SCHLUPECK
HOLZ-ART-STUDIO
BURKERSDORF 8, 07907 TEGAU
kontakt@schlupeck.de
www.schlupeck.de

THOMAS SCHWARZ, HOLZKÜNSTLER
TEL.: 0162 - 1607325
www.der-holzkünstler.de

KERSTIN VICENT
kerstinvicent@web.de

MORITZ WEISE
RÖNTGENSTRASSE 5, 82166 LOCHHAM
moritz.weise@muenchen-mail.de
www.moritzweise.com

Herstellung und Verlag:
Books on Demand GmbH, Norderstedt
ISBN 978-3-8423-3446-5